AF617952

ANSELM GRÜN

Das Glück der Stille

ANSELM GRÜN

Das Glück der Stille

FREIBURG · BASEL · WIEN

Viele Menschen sehnen sich heute danach, still zu werden. Sie erhoffen sich äußere und innere Stille. Aber zugleich erleben sie, Stille nicht machen zu können. Wenn sie sich ruhig hinsetzen, wird es in ihnen nicht gleich still. Sie begegnen zuerst dem inneren Lärm der Gedanken und Gefühle. Das ist ihnen unangenehm, denn dann melden sich Ärger und Enttäuschung. Manchmal taucht auch die Angst auf, ob ihr Leben überhaupt richtig ist oder ob sie an sich vorbeileben. Oft empfinden wir Schuldgefühle und meistens wollen wir nichts mit ihnen zu tun haben. Dann greifen wir nach irgendwelchen Beschäftigungen, um uns der eigenen Wahrheit nicht stellen zu müssen.

Wir können nur still werden, wenn das innere Urteilen und Verurteilen, das Bewerten und Entwerten zum Schweigen kommen.

Stille kommt von »stehen bleiben«. Es ist Mut erforderlich, bei dem inneren Chaos, das in uns auftaucht, stehen zu bleiben, standzuhalten, uns mit all dem auszuhalten, was sich in uns bemerkbar macht. Solange wir in Bewegung sind, können wir auch vor uns selbst davonlaufen. Wir beschäftigen uns mit irgendetwas, damit wir uns nicht selbst anschauen müssen. Still werden heißt: stehen bleiben, um uns dem zu stellen, was in uns auftaucht. Die Versuchung, lieber vor dem wegzulaufen, was sich in uns zu Wort meldet, ist groß. Die frühen Mönche kannten diese Versuchung. Sie haben geraten, im Kellion, in der Mönchszelle, zu bleiben und auszuharren. Stabilitas nennt das Benedikt.

Still werden heißt: stehen bleiben.
Stille verlangt Stehvermögen.

Die Mutter stillt ihr Kind. Das Kind schreit, wenn es Hunger hat. Dann muss die Mutter es stillen, damit es wieder ruhig wird. Die deutsche Sprache drückt eine wichtige Erfahrung aus: Wenn wir den Mut haben, stehen zu bleiben und nicht vor der eigenen Wahrheit davonzulaufen, dann meldet sich in uns ein unendlicher Hunger zu Wort. Es ist nicht der Hunger nach Essen, sondern nach Leben, nach Liebe. In diesem Hunger schreien unsere tiefsten Bedürfnisse danach, befriedigt zu werden. Es sind die Bedürfnisse danach, beachtet zu werden, gelobt zu werden, geliebt zu werden, zärtlich berührt zu werden.

Wenn wir stehen bleiben, steht nicht gleich eine Mutter bereit, um unseren Hunger zu stillen. Wir können ihn aber Gott hinhalten, damit er unseren Hunger und unsere Bedürfnisse stillt.

Wenn die Stille sich nicht nur um uns breitet, sondern es auch in uns still geworden ist, dann ist das ein Augenblick größten Glücks. Nichts stört uns mehr, keine Gedanken wollen uns von uns wegbringen. Wir sind bei uns, wir sind eins mit uns und eins mit allem, was ist. Schweigen ist etwas Kostbares und zugleich Zartes. Wir spüren, dass wir es nicht besitzen können.

Wir können die Stille nur mit zarten Händen berühren. Sobald wir sie festhalten wollen, entschwindet sie wieder. Aber solange sie da ist, ahnen wir etwas vom Geheimnis des Seins, vom Geheimnis des Lebens.

Der dänische Religionsphilosoph Sören Kierkegaard hat vor über 150 Jahren den Zustand der damaligen Welt als krank empfunden. Sie war ihm zu laut geworden. Wenn er Arzt wäre, so meinte er, würde er als Heilmittel für seine Zeit raten: »Schafft Schweigen!« Heute ist die Welt sicher noch um vieles lauter als zur Zeit Kierkegaards. Umso notwendiger brauchen wir heute das Heilmittel der Stille. Der Mensch kommt nur zu sich, wenn er still wird. Wer nicht mit sich in Berührung kommt, wer nicht in seiner Mitte ist, lässt sich von außen bestimmen. Die vielen Einflüsse von außen machen ihn krank.

Wir brauchen die Stille, um wir selbst zu werden und ganz bei uns zu sein. Nur so wird ein menschenwürdiges Leben möglich.

Im 10. Jahrhundert hat sich der Mönch Hartker vierzig Jahre lang in seine Zelle zurückgezogen, um schweigend die Vortragszeichen für die Choralgesänge zu schreiben. Für ihn war damals die Welt einfach zu laut. So spürte er, dass die Welt eines vierzigjährigen Schweigens bedurfte, damit im Choralgesang das Wort Gottes so erklingen konnte, dass es die Wunden der Menschen zu heilen vermochte. Das Wort Gottes kommt aus dem Schweigen. Es kann nur im Schweigen so gehört werden, dass es seine heilende Wirkung in unserer Seele entfaltet und die inneren Turbulenzen unserer Seele zum Schweigen bringt.

Wir brauchen das Schweigen, damit wir lernen, richtig zu hören.

Vom indischen Dichterphilosophen Rabindranath Tagore stammt das Wort: »Der Staub der toten Worte haftet an dir; bade deine Seele im Schweigen.« Worte können sich wie Staub auf unsere Seele legen. Wenn es leere Worte sind, fühlen wir uns wie verstaubt oder beschmutzt. Dann ist ein längeres Schweigen nötig, um uns vom inneren Schmutz zu reinigen. Schweigen ist wie ein Bad der Seele.

Wir brauchen nicht nur Hygiene für den Leib, sondern auch für die Seele. Und es gibt kein besseres Heilmittel und kein intensiveres Reinigungsbad als das Schweigen.

Einst kam ein ruheloser Mann zum Altvater Poimen, einem Wüstenvater aus dem 4. Jahrhundert. Der Mann weiß nicht, wie er von seiner ständigen Unruhe loskommen kann. Poimen gibt ihm den Rat: »Bist du ein Freund des Schweigens, dann wirst du Ruhe haben an jedem Ort, an dem du wohnst.« Poimen meint hier nicht nur ein äußeres Schweigen, sondern vor allem ein inneres. Er weiß von Menschen, die zwar nach außen hin still sind, aber innerlich ständig reden, weil sie immer über andere Menschen urteilen.

Schweigen heißt: sich verbieten, andere zu verurteilen oder sie abzuwerten. Wer so schweigt, findet innere Ruhe.

Bernhard von Clairvaux, der große Mönch des Mittelalters, hat die Erfahrung gemacht: »Aus dem Schweigen kommt alle Kraft.« Viele meinen, Schweigen sei etwas Kraftloses, ein Sich-Zurückziehen, weil man dem Kampf des Lebens nicht gewachsen sei. Das Gegenteil ist der Fall: Wenn Menschen sich immer wieder ins Schweigen zurückziehen, wächst ihnen neue Kraft zu. Aus dieser inneren Kraft heraus vermögen sie, sich den Herausforderungen des Alltags besser zu stellen. Wer immer redet, dem entströmt seine innere Energie.

Schweigen und Stille gleichen dem Schließen einer Tür, damit die Glut in unserem Inneren nicht ausbrennt und die Quelle der Kraft in uns nicht versiegt.

Nach einem chinesischen Gedicht hat Schweigen die Kraft, Klarheit in unser Herz zu bringen: »Wer ist imstande, das Trübe durch Stille zu klären? Wer kann so viel Stille aufbringen, wie nötig wäre, um das Undurchsichtige zu klären?«
Die vielen Worte, die wir hören, sind oft vermischt mit Emotionen. Wir merken gar nicht, wie die eigenen und fremden Worte die innere Klarheit eintrüben. Wir sehen uns und die Wirklichkeit nicht mehr richtig. Die Worte haben unsere Augen getrübt.

Es kostet Anstrengung, so viel Stille aufzubringen, um das Trübe wieder zu klären, damit wir innerlich klar werden und die Welt in Klarheit erkennen.

Von einem der frühen Mönche, dem Altvater Agathon, heißt es: »Drei Jahr trug er einen Stein im Mund, bis er zurechtkam mit dem Schweigen.« Er hatte darunter gelitten, dass sich die Zunge kaum zügeln lässt. Bevor wir richtig nachdenken, reden wir schon über andere. Dann ist es manchmal wichtig, dass wir uns über bestimmte Menschen ein Redeverbot auferlegen. Agathon hat das mit dem Stein im Mund praktiziert. Wenn wir ein Jahr lang nicht über einen Menschen reden, über den wir uns so oft aufregen, wird der Ärger vergehen.

Schweigende Menschen können einen anderen mit neuen Augen anschauen. Sie werden ihn lassen, wie er ist. Schweigen hat sie von negativen Bindungen an ihn befreit.

Der Schweizer Therapeut C. G. Jung hat im Alter eine starke Sehnsucht nach dem Schweigen gespürt: »Das Reden wird mir immer öfters zur Qual und ich brauche oft ein mehrtägiges Schweigen, um mich von der Futilität der Wörter zu erholen.« »Futilis« heißt: unnütz, eitel, nichtswürdig. Im Alter kamen C. G. Jung viele Wörter unnütz und leer vor. Er sehnte sich nach einem mehrtägigen Schweigen, damit er wieder das Eigentliche spürte, auf das es ankommt, das Wesentliche, das den Menschen ausmacht.

Wir haben heute kaum Erholungszeiten von den vielen Worten, die wir ständig hören und auch selber sagen müssen. Umso nötiger sind Schweigezeiten, damit wir uns innerlich regenerieren können.

Vor Jahren wanderte ich eine Woche lang mit einem Familienkreis durch den Steigerwald. Eine Stunde täglich gingen wir bewusst schweigend durch den Wald. Ich führte die Erwachsenen und Kinder in die Stille. Sie sollten einfach in ihren Sinnen sein: hören, riechen und spüren, wie der Wind sie umschmeichelt, und sich in der Stille vor Gott geborgen wissen. Am nächsten Tag kamen die Kinder wieder auf mich zu und fragten: »Machen wir das wieder mit den schönen

Gedanken?« Für sie bedeutete das Schweigen, schöne Gedanken zu haben.

Im Schweigen können uns gute Gedanken kommen. Die Stille gleicht einem heilsamen Raum für das Denken.

Wenn eine Gruppe schweigend miteinander meditiert, entsteht oft eine intensive Stille, die man fast greifen kann. Manche Menschen glauben zwar, schweigen könne man besser alleine, doch wenn viele miteinander schweigen, entsteht ein Raum der Stille, den alle als wohltuend erleben. Sie fühlen sich vom gemeinsamen Schweigen umgeben wie von einer schützenden und heilenden Hülle. Obwohl sie nicht miteinander sprechen, spüren sie eine tiefe Verbundenheit mit den anderen.

In der gemeinsamen Stille entsteht eine Kraft, von der man sich genährt und gestärkt fühlt. Die Stille gleicht einem Band, das alle zusammenhält.

Wenn wir im Urlaub in Gegenden unterwegs sind, in denen kein Autogeräusch, kein Flugzeug und kein Menschenlärm zu hören sind, können wir innehalten, um diese Stille um uns zu spüren und auf sie zu hören. Manchmal ist es eine absolute Stille, in der gar nichts zu hören ist. Und dann plötzlich plätschert ein kleiner Bach, der Wind streicht leise über die Felder und die Vögel singen. Und wir lauschen auf das Rauschen und Singen der Natur.

Die Laute der Schöpfung stören die Stille nicht. Im Gegenteil: Sie machen die Stille hörbar. Sie geben ihr eine Form und vertiefen die Erfahrung der Stille.

Als tiefes Schweigen das All umfing« (Weisheit 18,14), da stieg das Wort Gottes vom Himmel herab und nahm in Jesus Christus Menschengestalt an. In tiefer Stille geschah das Wunder: Weihnachten, Nacht. Diese tiefe Stille ist nötig, damit Gott in uns geboren werden kann. Für die Mystiker ist der Ort des Schweigens, zu dem kein Gedanke Zutritt hat, der edelste Teil des Menschen. Es ist der Bereich, in dem Gott in uns geboren werden will.

Im Ort des Schweigens bildet sich Gott in unsere Seele ein, damit wir immer mehr in die einmalige Gestalt hineinwachsen, die Gott jedem Menschen zugedacht hat.

Die Mystiker aller Zeiten sprechen von einem Raum der Stille, der in jedem Menschen ist. Wir brauchen diesen Raum nicht zu schaffen, er ist längst in uns. Wir sind oft nur abgeschnitten von ihm und spüren ihn deshalb nicht. In der Meditation gelangen wir in diesen inneren Ort der Stille. Zu ihm haben Sorgen und Gedanken keinen Zutritt. Auch Menschen mit ihren Erwartungen und Ansprüchen an uns vermögen nicht, in diesen Raum zu gelangen. Es ist ein heiliger Raum, in dem wir heil sind und ganz. In der Stille ahnen wir, wer wir selbst sind.

Unser wahres Selbst ist ein Geheimnis, das wir schweigend erahnen, ohne es in Worte fassen zu können. Schweigend meditieren wir uns hinein in das unberührte und unverfälschte Bild Gottes von uns.

So können wir in die Stille gelangen: Wir setzen uns in unser Zimmer und versuchen, gar nichts zu tun, nichts zu denken, nichts zu lesen, nichts zu planen. Wir genießen einfach den Frieden, der in unserem Zimmer ist, und versuchen, ganz gegenwärtig zu sein. Wir sind da und nehmen die Stille wahr. In dieser Stille erahnen wir vielleicht, dass wir von Gottes heilender und liebender Nähe eingehüllt sind. Wir müssen nichts vorweisen, nichts überlegen, nichts leisten. Wir sind einfach da. Und es ist gut so. Das ist wahre Stille. Die Gedanken schweigen, die Bewertungen schweigen, die Ängste schweigen, um all die Probleme ist es still geworden. Nichts beherrscht uns. Wir sind frei.

Wenn wir von Stille umgeben sind, sind wir umfangen vom großen Schweigen Gottes, das uns schützt vor dem Lärm der Welt.

Wie Stille sich anfühlt, das hat Johann Wolfgang von Goethe wunderbar in Worte gefasst. In seinem Gedicht hören wir gleichsam die Stille. Sie wird erfahrbar, greifbar. Des Dichters Worte lassen Stille erklingen:

Über allen Gipfeln
ist Ruh,
in allen Wipfeln
spürest du
kaum einen Hauch;
die Vögelein schweigen im
Wald.
Warte nur, balde
ruhest du auch.

Schon die Griechen kannten das mystische Schweigen. Das Tiefste zwischen Gott und Mensch geschieht im Schweigen. Gott ist unbegreiflich. Ihm kann man sich nur im Schweigen nahen, das Unnennbare nur im Schweigen erahnen. Im Schweigen hören wir in die Abgründe der Welt, aus denen uns das Schweigen Gottes entgegentönt. Das Schweigen lässt dem unendlichen und unbegreiflichen Geheimnis Gottes seinen Raum. Es verzichtet darauf, sich Gottes zu bemächtigen. Das Schweigen lässt Gott seine göttliche Kraft.

In der Stille kann sich das Tiefste zwischen Gott und Mensch ereignen.

Wenn Stille sich um uns breitet und unser Herz erfüllt, dann erleben wir eine eigenartige Stimmung. Es ist etwas Zartes in der Stille, etwas Geheimnisvolles. Die Stille ist voll von Liebe, von Zärtlichkeit, von Ehrfurcht. In der Stille fühlen wir uns geborgen. Sie gleicht einem Mantel, der uns einhüllt. In der Stille fühlen wir uns angenommen. Alles darf sein. Niemand spricht ein Urteil über uns. Wir berühren in der Stille das Geheimnis des Seins. Wir haben teil am Sein. Wir sind einfach. Wir sind eins, mit allem eins.

Das Geheimnis des Seins klingt in der Stille wider, in der Stille können wir das Einssein mit allem spüren.

Eine reine und klare Stille nimmt uns unseren Hunger. Es ist keine Mutter nötig, die uns stillt. Die Stille selbst ist es, die uns nährt. Menschen, die die Stille in sich und um sich spüren, haben genug erfahren. Sie wissen: Dieser Augenblick reiner Stille birgt alles in sich, wessen sie bedürfen. In der Stille wagt das Herz kaum zu schlagen. Es möchte aufhorchen, was da in der Stille sich ihm darbietet.

Die Stille stillt des Herzens Verlangen.
Sie ist das wahre Glück des Menschen.

www.herder.de

Überarbeitete Neuausgabe des gleichnamigen, 2005 im Verlag Herder erschienenen Titels.

Innenseitengestaltung und Satz:
Büro für Gestaltung – Christina Kölsch, www.christinakoelsch.de

Covergestaltung: Tanja Geier, NiceDay Advertising

Fotografien Innenteil: Amperlicht, Peter Lederer;
S. 16: Maria Komar/Shutterstock.com; S. 24: Shawn Hempel/ Shutterstock.com; S. 27: cooperr/ Shutterstock.com;

Herstellung: Graspo CZ, Zlín
Gedruckt auf umweltfreundlichem, chlorfrei gebleichtem Papier
Printed in the Czech Republic
ISBN 978-3-451-38876-7